服はあるのにキマらない！

脱おしゃれ迷子のファッション奮闘記

マイナビ

はじめに

こんにちは
あきばさやかです
30代イラストレーターです
今日もクローゼット前が
服選び中
う〜ん…
ごちゃ
ごちゃ
クローゼットから引っぱり出した服たち
大変なことになっております
おしゃれも
わ〜これ今年の流行なんだよね〜
ビッグシルエット〜
買っちゃおうかな〜
お買い物も大好き
でも
あれ…?
パジャマ…?
買ったものをうまく組み合わせられなかったり
年齢にふさわしい着こなしができているのか
このTシャツ…
アリ?
Neko
不安になったり
これはいまいち
ドサ
これも違うかな〜…
ドサ
消去法の服選びの結果
う〜ん…これでいっか!!
この前も着た気がするけど…
いつも同じような組み合わせになり
だからなんだかおしゃれに自信が持てない
おまたせー
みんな今日もおしゃれだな〜
そんな私です

ランチ中
あ、これ前回会ったときの写真！後で送るね
自分だけ今日と全く同じ服装
!!
ギャー
ハズカシー
でさ～
ペチャクチャ
着回しが下手なのでこんなことも
プル
プル
後日
新しい服買お～っと
着る服がない…
う～ん
う～ん
センス 良い
1900円
センス カリスマ
5900円
フッ…
センスも売ってくれるといいんだけどな

CONTENTS

キャラクター紹介

あきばさやか

30代のズボラなイラストレーター。服を買うのは好きだけど、なぜかおしゃれにキマらない。

エリカ（32）

商社勤務のOL。クール系の服が好き。ヘアメイクが得意。

ミナ（30）

1歳児の子育て中なので、ばっちりおしゃれがなかなかできないのが悩み。

林智子先生

クローゼットからおしゃれを見直すスペシャリスト。

よく行くお店の
ショップ店員さんたち

おしゃれに関しての役立つアドバイスをくれる方々。

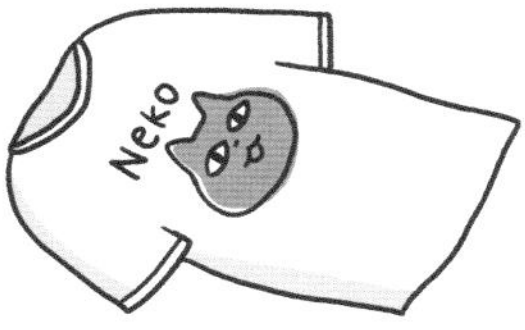
Neko

悩むお年ごろ

買い物中
このオーバーオールかわいい
でもこれって
←30代
私が着ても大丈夫かな…？
このサロペットかわいいですよね～
ビビクッ
はいっ そう思います
↑謎の対応…
どんどん合わせちゃってくださいね～♡
ありがとうございます～
最近 年齢的に悩むものが増えてきたな…
リボンやフリルのついた
かわいらしい感じの服や
オフショルダーやショートパンツ
大きめのドット柄とか
年齢に関係なくかっこよく着こなしている人はたくさんいるけれど
自分がうまく着こなせる自信はないんだよね…
というかそもそも…
若い…
買っているお店が20代前半から変わっていないことが問題かも…
ゆ～
それかわい～

ということがあって～
わかる～悩むよね～
同世代の友人 ミナ・エリカ
スカート丈も微妙じゃない？
膝上丈のミニスカートっていつまで？みたいな…
私、生足で膝小僧は出せないや…
もはや「膝爺」の風格…
ワシを外に出すつもりかのう…
ホラ
ギャ～ 顔が～
私も生足ではちょっと
ストッキングかタイツを履けばなんとか…
お初にお目にかかる
うーーん…
…あのさ
もし「イタイな」って思う着こなしをしていたらお互い言い合わない？
それだ
そうしよ～
フ～ これで安心だね～
でも実際に「イタイな」って思っても正直言い辛いよね…
30代の悩みは深い

大人の花柄とは

○△広告会社
打ち合わせ
よろしくお願いします～
花柄スカート！かわいい～
よろしくお願いします～
ふわっ
帰り道
スカート似合っててかわいかったな～
でも花柄とかあんまり着たことないな
着てみたい気持ちはあるんだけど
キラキラ女子のイメージ…
な～んか「キャラじゃない」っていう気がするんだよね～
コン
でもいかにも「女子♡」って感じでかわいいよね
ホワワ
もしいつか娘ができたら着せたい…
ホワ…ワ…
はっ
今…すごい自然に
次世代（仮）に託してたーーーーー!!
ガビーン

いや…私だって
着れるかも
デパート
せっかくだし寄り道して見ていこう
ダバダバ
FITTING
ごそ
ごそ
…なんか
10年留年してる女子大生みたいだな…
劣化感…
デニムと合わせてみた
デニムじゃなくてブラウスの方がいいかな?
モゾモゾ
う〜ん
ちょっと
ブリブリすぎ?
いやいや
諦めるのはまだ早いっ
こっちの長袖ワンピも着てみよう

……
あ〜〜〜
子どものころ家にあった人形っぽ〜〜い!!
Classic
ウフフフ
なんか昔のアメリカの田舎町でオーブンでおいしいクッキー焼いてくれるおばあちゃんっぽ〜〜〜い!!
焼けたよ
ウフフフ
よし
いつか子どもに着せよう
諦めた
いかがでしたか〜?
とはいえしょぼん
シャッ
あ、なんかしっくりこなくて…
沢山スミマセン
あら
……
お客様
もう少し大人っぽい花柄がお似合いだと思いますよ!

大人っぽい
花柄？
はい！
たとえば…
こんな感じで
いかがですか？
グレーのトップス
あ、さっきのより
よさそう…
ネイビーの花柄
同じ花柄でも
ダークカラーや
モノトーンだと
ぐっと大人っぽい
印象になります
さらに辛口アイテムを
合わせると甘く
なりすぎませんよ
辛口 レザーブルゾン
辛口 黒のショートブーツ
あっかわいい
あえてカジュアルな
パーカーとの
組み合わせも
力が抜けた
大人のおしゃれで
オススメです♡
ぎゃーーー
ホ、ホントだ
すごくかわいい
上級者っぽい
ジャーン
……
な～～～～んだ
着れるじゃん!!
花柄!!
遅めの花柄ブームが
開花しました

服のサイズの見越し買い

試着中
サイズいかがですか〜?
あ、ハイ…
どちらかというと
ダメです!!
パッ
パッ
う〜ん…
デザインはかわいいんだけどなぁ…
あと少しで閉まりそうなのに…
…でも今ダイエットしてるし
すぐに入るようになるのでは…?
失敗ファッション解説席
でたーっ!!
見越し買い!!
解説：服上彰
服上さん見越し買いとは…?
「成長」の見越し買い
ダボ
ダボ
ええ 体の変化を見越して服を購入することですね 中学生の制服でよく見られます
それにこれを買うことで
よりダイエットに気合が入るかも!!

で…ででで
でたーーー!!!
モチベ買い!!
モチベ買いとは…?
ええ、モチベーションを上げるために身の丈に合わないものを購入することですね
はたして本当に入るようになるのでしょうか…
ありがとうございましたー
ええ…
1ヶ月後
服上さん、やはり…と言ったところでしょうか
プル
プル
プル
ええ、この年になると脂肪はそう簡単には落ちません
ゴソ
ゴソ
おっ!? 何か動きが…
どーーん
スポッ
あ…
あきらめたーー!!!
たーー
たーー…
〜完〜

気になる体型のこと

体型のコンプレックスはありますか?
私は
ありますE!!
ムチーーン
お尻大きい→
←筋肉質な足
さらに短い…
・・・・・・
うーん太いん…
ケンタウロスのごとき下半身の安定感
ムチ
ムッチ
とても気になります
う〜む
う〜ん
しかしどうにかならんもんか…
モミ
モミ
5分後
はっ
服を選んでいたのに何してんだ私は
コロコロ
セルライトローラー
ミニスカやショーパンを穿きたかった10代のころは
足の細い子を無差別に呪ったっけなぁ
ギリ
ギリ
エヘ
スラ〜
でも今は
今日はガウチョパンツ〜♪
体型をカバーしてくれるおしゃれな服もたくさんあるし

カバーの方法も色々
ハイウエストのワイドパンツなら脚長効果♥
フフフ
スラ〜
どこからが足か分かるまい…
より細く見せるために
丈にもこだわります
ふくらはぎの一番太い部分で終わる丈だと太く見えるからNG
○
×
靴も同じ一番太い部分までのブーツは
がっしり
太く見える危険アイテム
脚長効果を狙うなら甲が出ているヒールパンプス
同じヒールの高さでも長く見える
さらに!
白いパンツはかわいいけど
お尻が目立つ…
タイトなパンツを穿きたいときは
ロングカーディガンや上着の腰巻でカバー
下着の透けもカバーできる
大きめトップスでお尻カバーもいい感じ
シャツの前だけインがいいバランス

…といろんなカバー方法を覚えたけど
同窓会
やっぱりスタイルのいい人はうらやましい
ユカスタイルよくていいね～
コンプレックスあるよ～～
肩幅があるから
ジャケットを着るとロボットみたいに…
シャキーン
へ～
下っ腹がぽっこりで
タイトスカートは穿けないかな
座るとポッコリ…
友人A
背が低いから
「着られている」感が…
チェスターコートとかは似合わないんだよね～
友人B
へ～～
帰り道
な～んだ意外とみんなそれぞれ悩みがあるんだな
バィン
バィン
バィン
バィン

欧米の方って体型に関わらず堂々とおしゃれしている人が多いよね
おお
自信を持っておしゃれを楽しんでいる姿はかっこいい!
気になるところがあるとつい隠したくなっちゃうけど
すっぽりワンピ最高に落ち着く
ゆるっ
毎日すっぽり隠していると意識が向かなくなるというか
ブラックボックス化
なんとなく
あれっ
なんかお腹出てる?
さらに太くなるような気がするし
気になるところは程よくカバーしつつ
う〜ん たまには体のラインが出るの穿こっかな
隠すばかりじゃないおしゃれを楽しめればいいな
……
ムチ
ムチ
やっぱ腰にパーカーでも巻こうかしら
すぐには堂々とできない私でした

つい選びがちな色

春だ
ホワン
最近ダークカラーばかりでクローゼットが地層みたいになってるから…
暗っ…
今日は明るい色の服を買うぞー！
0101
フラ
フラ
あっかわいい～
これもかわいい～
フラ
フラリ
10分後
はっ
両手にネイビー
またネイビーに吸い寄せられてしまった…
イメージ
プ～ン
私ったら…
フラリ
あとボーダー
だってネイビーって何にでも合わせやすいんだよね…
カジュアルも
しっかりも
おしゃれに見えるし…

あ〜ネイビー万能〜〜
スキスキ
I♥ネイビー
失敗知らず〜
ばんのうくん〜〜※
※プチ情報
ばんのうくん
ラグビー、サッカー、スキー、ボクシング、剣道(?)を同時にするすごいヤツ
アーモンドフィッシュ
学校給食アーモンドフィッシュのパッケージにかかれていた謎のキャラクター
全国共通かは不明
いいや買っちゃお…
分かる
…というわけでいつも同じ色を手に取っちゃう
明るくてインパクトのある色だと頻繁には着られないし
「またこのパンツ」て思われてないかな…
ビビッドイエロー
組み合わせも難しいしねぇ…
今日クリスマスっぽいね…って
ガーン
あと ついついレッドよりボルドーイエローよりからし色ブルーよりネイビーグリーンよりカーキを選んじゃう♡
くすみ色落ち着く…
うん
分かる〜
30代女子で戦隊ヒーローを結成したら
ザッ
地味〜な仕上がりになりそうです
ネイビー
ボルドー
カーキ
ヤダ〜
わ〜ん

やっぱり明るい色はかわいい!!
挑戦しにくい
ビビッドな色は
カーディガンで取り入れる
といいですよ♡
店員さん
ユニクロ・GUだと1000~2000円前後
色もたくさん!
ストールで
色を足すのも
いい感じ
肩にかけると
いいアクセントに!
コートの
下に重ねて
チラ見せも
カワイイ!!
「おばあちゃんの
お弁当にプチトマト作戦」
と名付けよう…
差し色
茶色い…
ちなみに…
いつもはダークカラーを
選びがちな私達も…
ウフフフ
薄暗い照明の
お店で集まると
見た目はほぼ
黒ずくめ…
カラン…
ネイビー
黒
グレー
なにかの組織!?
結婚式では彩りを
添えますことよ!!
ウフフ
アハハ
ウフフ
新婦友人が地味だと
式が地味になるので頑張る

服の汚れ

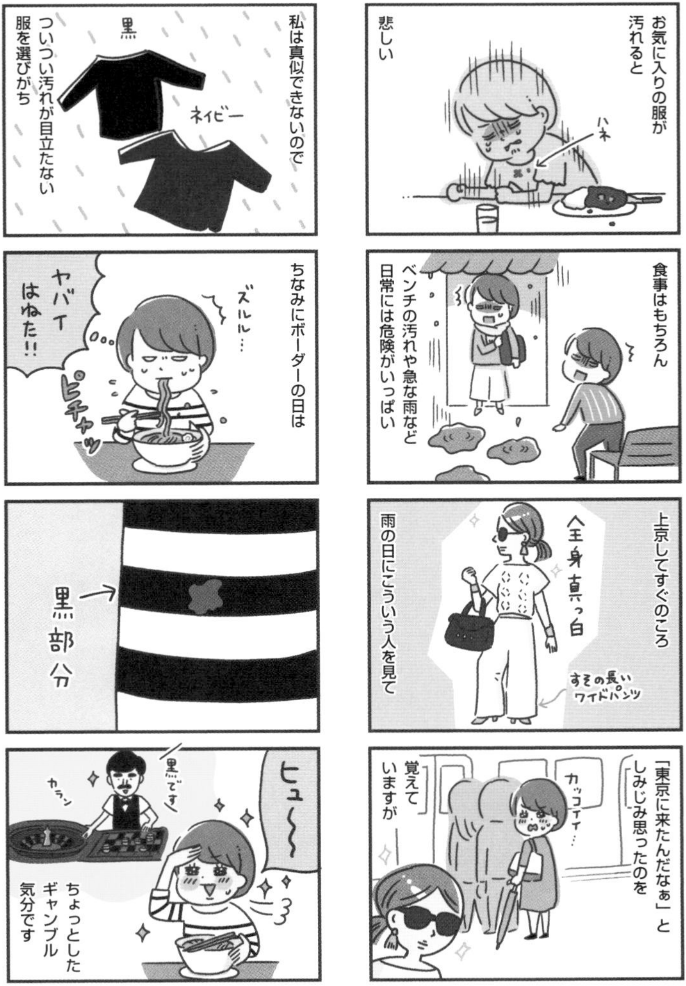
お気に入りの服が汚れると
ハネ
悲しい
食事はもちろん
ベンチの汚れや急な雨など日常には危険がいっぱい
上京してすぐのころ
全身真っ白
すその長いワイドパンツ
雨の日にこういう人を見て
「東京に来たんだなぁ」としみじみ思ったのを
カッコイイ…
覚えていますが
私は真似できないので
黒
ネイビー
ついつい汚れが目立たない服を選びがち
ちなみにボーダーの日は
ズルル…
ピチャッ
ヤバイはねた!!
黒部分
ヒュ〜〜
黒です
カラン
ちょっとしたギャンブル気分です

コーデの主役

今日のコーデの主役は華やかスカート
ウフ
それ以外は黒でまとめてシックにキメるわよ
こんばんは〜
奥からつめて〜
チラ
スカート登場時間
00:00:03
ワイ
ワイ
ワイ
ワイ
そろそろ帰りましょ〜
楽しかったね〜
チラ
スカート登場時間
00:00:06
ありがとうございました〜
またぜひ〜
コーデの主役がほぼ見えていないので
写真
印象はただの黒ずくめに…
主役登場時間
合計6秒…

その爪は誰のため?

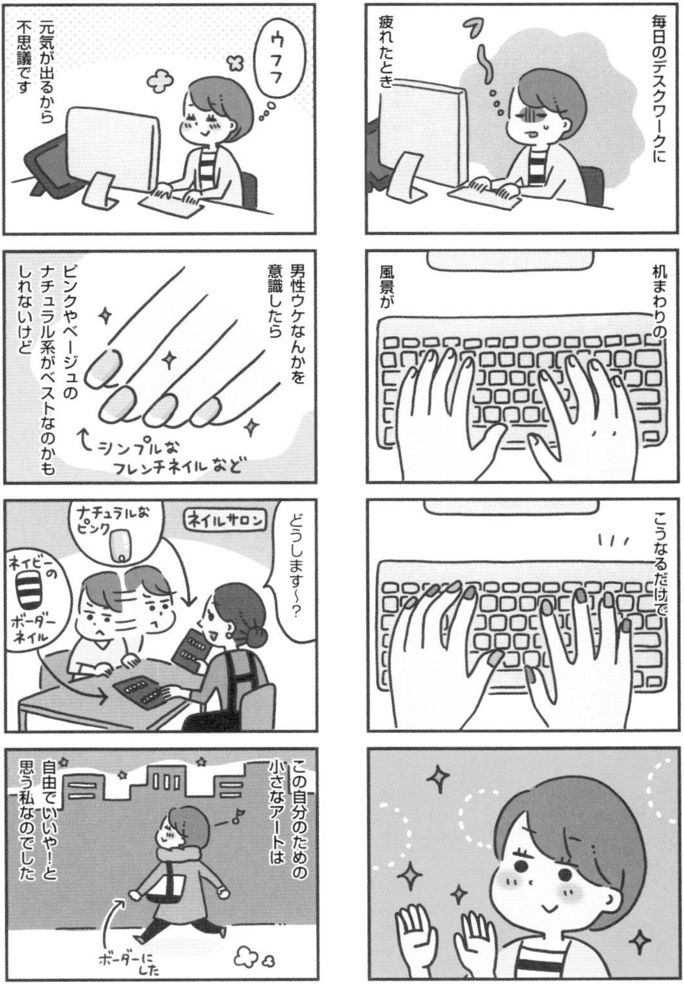
毎日のデスクワークに
疲れたとき
机まわりの
風景が
こうなるだけで
ウフフ
元気が出るから
不思議です
男性ウケなんかを
意識したら
ピンクやベージュの
ナチュラル系がベストなのかも
しれないけど
シンプルな
フレンチネイルなど
どうします〜?
ネイルサロン
ナチュラルな
ピンク
ネイビーの
ボーダー
ネイル
この自分のための
小さなアートは
自由でいいや!と
思う私なのでした
ボーダーにした

大人の荷物問題

今日はおしゃれなレストランでディナー♪
フンフ～ン♪
新しく買ったバッグ持っていこ
エヘヘ
ぎゅむ
ぎゅむ
ぎゅむ
ぎゅむ
荷物が全っ然
入らない
ガビーン
化粧ポーチなんか全然無理だし
ふたが閉じない
ポコ
ポコ
浮き出るビューラーの形
そもそも長財布が入らないバッグとは
これいかに
ぎゅ
こういうとき昔は
お気に入りのショップの紙袋を限界まで使う
10代
ヨレ
ヨレ

そして突然限界を迎える…
ブッチーン
あっ
ビリーッ
カチャーン
う〜む
でも30代の今紙袋ってちょっとね〜…
トートバッグやエコバッグはたくさんあるけど
なんかカジュアルで買い物帰りっぽい…
雑誌の付録とか…
COFFEE
ほかにも習いごとの着替えとか図書館に返す本とか…かばん一つに入りきらないとき
結局バッグ変えた
う〜ん…
みんなどうしてるんだろう…
シックなデザインのサブバッグを一つ持っておくと
便利だよ！
キャンバス地はカジュアルに見えるから、ナイロンやツヤ感のある素材で
シンプルな黒は特に使いやすいよ
普段なかなか手の出ないハイブランドも
エコバッグなら少し安かったり♡
かわいい〜
買っちゃった〜♪
ウフフ
後日
さっそく購入
クロコ柄(合皮)のA4バッグ3200円
うん、大人だし「ちょっといいサブバッグ」
なんか、いいかも!!

全身プチプラってどう？

最近のプチプラは安いうえにかわいい～♪
UNI QLO
楽しい～
ハア
ハア
たまらん…
こうしてプチプラを買い集めていて起こるのが
この現象
フン フン
ん？
SALE
今日全身プチプラだ!!
はっ
!
ユニクロのブラウス 1990円
安くなっていたバッグ 5000円
ユニクロのスカンツ 1990円
通販で買ったサンダル 2980円
プチプラビンゴ
チーン
トップス ボトムス シューズ バッグ
安 安 安 安
ジャラ
ジャラ
見る人が見たら分かりそう…
あの人
ヒソヒソ
ユニクロのカタログみた～い
なんか
気になる～～
え～全身プチプラが気になる？
も～
子育て中だと全身プチプラなんて
ザラだよ～～!!

でもあまりにも上から下までだとなんとなく引け目を感じない？
30代だし…
あ、私はそういうとき
今は子どもが小さいからパールの1粒のやつ！
ちょっといいアクセサリーをしてるよ
もちろんアクセサリー以外でも靴やバッグ、スカーフとかでも！
一点いいものを投入するのってプチプラコーデでは重要かも
まぁ、結局他人はそれほど自分のこと見てないけど…
まぁね…
「今日は全身プチプラだけど、ピアスは本物のパール！」とか
あはは
自分が納得できればいいかなって
そっか～
一点いいものかぁ～
ポワン
ポワン
ポワ
ポワン
いいもの…
さ、差し歯でもいいかな…？
保険のきかないインプラント（10万円）
えっ
そもそもあまりいいものを持っていないのだった…

大人の色気とは

tantan
大人の色気
年を重ねれば若いころにはなかった色気が
自然に出てくると思ってたけど
そんな気配が
アレ？
こんな男子大学生みたいな服着てる場合じゃない…
全くない…
どんな服を着ると色っぽいのかな～
う～ん
あからさまにセクシーなのは着れないしなぁ～
何かお探しですか？
カジュアルなのにツヤっぽい店員さん
キラ
キラ
……
ズイッ
色気を！
探してます…
えっ

フムフム
…なるほど！
大人の色気は「3つの首」を出すのがオススメです♪
3つの
ズギャーーン
首
違います
このボーイフレンドシャツなんて
とってもセクシーに見せられるアイテムですよ
襟を抜いて
首
着物のように後ろをひく
手首
ラフにまくる
袖をまくって
デニムの裾もロールアップ
足首
細い部分を出すと女性らしさが強調されます！
おお～
←夫
ウフフ
チラ
チラ
ん？
買った
もじゃらーん
ガビーン
イヤダー!!!
狼女!!!
?
うなじがもじゃもじゃだと色気が半減するので気をつけましょう

大人の色気について考える

胸や足をどーんと出すより
うなじ＆背中見せで
大人の露出！
カワイイですね
Beige Pumps
ベージュの
ヌーディなパンプスは
女性らしさを際立たせる
アイテムです。
あえてデニムと
合わせてもgoodです
へ〜

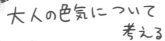

髪の長い人は
おくれ毛アレンジも
セクシー♪
パサ
パサ
パサついていると
くたびれた感じが
するので、その場合は
スタイリング剤をつけよう
ポイントはおくれ毛を
しっかりコテやカーラーで
巻くこと!!
ヘアアレンジ
上手な
エリカ
おくれ毛アレンジは
帽子にも合う!!
結ぶときに
おくれ毛を
残す
だけ!
色っぽい後ろ姿のために襟足脱毛という手も!
よくアップヘアにする人や、
ショートカットの人に
オススメ!
スッキリ
脱毛できる範囲
（髪の毛部分はできないので注意）
見えない部分
だから、
ほっとくとすぐ
モジャモジャに…
私も
通い始めました…
エヘ

お母さんの思考回路

ちょっとその服
あぶなくない？
どこかにひっかけそう
10代
大丈夫だよ〜
そんなの着てると
体冷やすよ〜
も〜
心配しすぎ〜
お母さんの
ファッションチェックは
あぶない!!
おしゃれより安全重視
分かってないん
だから〜
と思っていたけど
現在
転びそう…
ハラ
ハラ
年々
思考が母に
近づいている
お腹冷えそう…
ハラ
ハラ
私だった

ヘアアレンジは時間泥棒

美容室へ行くときの服

今日はこれから
初めて行く美容室へ
モサッ
美容室——
それはおしゃれでルックスのいい人達がたくさんいる場所
恥ずかしくないように
おしゃれしなきゃ!!
ガラッ
発想が田舎者
15分後
これでいいか!!
ビシッ
いつもと違う個性的な感じでぐ
おしゃれの完全武装
ガチーン
完成☆
いつもの服
いざ出陣!!
ガチャ
ガチャ
ウオー
いらっしゃいませ〜
SALON
どうします〜?
よろしくお願いしま〜す
え〜と全体のボリュームを押さえてすっきりと…
1時間後…

は〜い、できました
ワォ…
こ…
個性的
…ってことがあってさ〜
しくしく
すっごく人気の人なのに〜
う〜ん確かにヘン…
ヘンって言わないで
美容室に行くときは
いつもどおりの格好で行った方がいいよ
そうなの!?
う〜ん好きなファッションと同じベクトル上で
おしゃれする分にはいいと思うけど
美容師さんは私服からもその人のイメージを
お願いします〜
かわいい雰囲気が好きなのかな
どうぞ〜
汲み取ってくれるから
いわば美容師さんへのプレゼン!
ワタクシいつもこういう感じっス
キーワード
①男性ウケ
重要!!
②フェミニンでやわらかい感じ
ビシッ
フムフム
ホ〜〜なるほど…
私思いっきりプレゼン失敗してる…
次回
どうも〜
アレッ雰囲気違うね!!
変わり様にびっくりされました

ヘアスタイルの抜け感

抜けたい〜!!!
ミナ宅
悪の組織?
……何を?
抜けさせてくださいっ
抜け感がほしいの
インスタで見るママさんはみんなおしゃれで抜け感のあるヘアスタイルなのに
ひとつ結びなのにカワイイ!
私が真似ると侍のよう…
逆に近寄りがたいね…
カラ カラ
ナチュラルなまとめ髪ってぴっちりまとめるのより数倍難しいよね
分かる!!
私も昔ロングヘアのとき苦手だったなぁ
溢れ出る「夜なべ」感…
教えてエリカ〜!!!
ヘアアレンジ上手
ハイ ハイ
まずはベースを作る!
全体をコテやカーラーでざっくり巻いておくと仕上がりが全然違うよ

あとは手ぐしで
ざっくりまとめて
トップやサイドを
つまんで引き出す
バランスを見て
少しずつ!!
全体的に引き出してしまうと頭が大きな人になるので
ボイーン
早く言って…
表面がジグザグになるようにするといいよ!
あとは結んだゴムを隠すこと
毛束をとって巻きつける
ヘアピンが隠れるようにとめる
そのときに巻いた毛束を少しラフにくずすとかわいい
難しい場合は
マジェステ
バレッタ
ヘアーカフ
結び目を隠すヘアアクセもたくさんあるよ
あとあえて結び目をずらすという手も
お団子ヘアとかかわいくなるよ
ほう…
わ〜
抜け感はナチュラルでなくナチュラル風
心の一句
計算しつくされている…
ゴクリ

ゆるニットで優しさを演出

エリカ　32才
商社勤務のOLです
責任のある仕事も任せられるようになったし
バリバリ
今、とにかく仕事が楽しい!!
服はもっぱらクール系の「ビジネス上で説得力のある服」を選びがち
キッチリ
しかし
田中くん
報告書の数字が少し違ったよ
ビクッ
ビクビク
す、すみません　やり直します
合コンでも
はじめまして〜
…っていうプロジェクトで今は忙しくて〜
パリッ
…へー
ススス…
え〜
モテ
モテ
ピシッ

男性が寄りつかない！
ダ
後輩にいたってはおびえられているんですけど…
ギリィ…
何故…!?
ビジネス上の説得力のある服＝男性への威圧感がある服…!?
あ
ほらちょうどいい記事あったよ
ゆるニットで「守ってあげたい」ふんわり女子
あえて隙を作る！
こーれだ
あー
再び合コン
後日
こんにちは～
ふわっ
優しそうな子だな…
ウフフ
アハハ
素材のイメージは
レザージャケット
＝
ウ～
ざっくり編みのニット
＝
クゥン
意外と大きい
ゆるニットは恋や仕事に燃える大人女子の野心を
メラ
メラ
糖衣のようにコーティングしてくれるのだった…
うふふふふ

ママにおしゃれはできない？

ミナ　30才
1歳の子を持つ主婦です
公園帰り
ふぅ
ふぅ
あれっミナ!?
久しぶり〜!!
大学時代の友達
わっ
ユウコ! ヒロミ!
キャ♡
ここら辺に住んでるの〜?
そうだよ〜
私たちは向こうのカフェ行くとこ〜
キャ♡
じゃあね〜
……
私はいったいどのくらいあんなおしゃれをしてないんだろ…
ノーアクセ
ノーキラキラ
ネックレスや大きいピアスは速攻引きちぎられるし
ブチッ
そいやっ
イエーイ

新しい服は首元がすぐびろびろになるし
アラお兄さん力持ち
ぐい～っ
真っ白の服もすぐ汚れるし
汚れde世界地図
ヨダレ半島
ミートソース大陸
泥島
私だって昔は華奢なヒールや豪華なアクセサリーで自由におしゃれしてたのにな
結婚前
おしゃれなママファッションにも憧れるけどなかなか真似できないし
し、白のワンピース!?
なにこれ!? ビニール素材なの!?
おしゃれママスナップ100
しょうがないよね…もう少し大きくなるまで我慢かぁ
お家ついたよ～
ママー
……!
ギュッ
ニコッ
翌日
公園行ってきま～す
代わりに今しかできないおしゃれもあるもんね
ソラ君ママカワイイ～
赤バンダナ＋ボーダーのリンクコーデ

試着あるある その1

近い
ゴソ
ゴソ
けっこう狭めの試着室
どうかな
……
アキバビジョン
…近すぎて全身のバランスが分からない
でも外に出ていくの恥ずかしいしな～
わ～お似合いですぅ!!
エヘ…
へへ…
へへへ…
う～～ん
なんとか全身見れないものか…
ゴソ
ゴソ
ズモ～～ン
お客さま…？

試着あるある その2

どう答えたらいいか分からない
試着中の声がけ
お客さま いかがですか〜?
いつもどう答えたらいいか悩みます
え…ええと
い、いい感じです
店員さんの意見が聞きたいときは出ていきますが
シャッ
あの〜これって
そうでないとき
明らかに似合っていない
そもそも入ってない
うっかりオールインワンで来てしまってパンツ丸出し
などなど
いつも中学の英語の教科書のような答えをしてしまう!!
Hi Tom How are you?
I'm fine Thank You
「やあ!トム調子はどう!?」
「いい感じです」
何が正解なの
いっそホテルのようにこういう札があったらいいのでは…
○ 声がけはけっこうです
声がけナシね
店員さんの手間も減るし…
ポワン
正解を知りたいです
あ、これいいアイディアかも…
ポワ
いかがですか〜??
あっいい感じです
ポワ
I'm fine Thank You
トム再登場

試着あるある その3

着替えに疲れる
今日は時間があるから
たくさん試着して
じっくり選ぼ～
普段運動不足だと
試着はなかなかの
重労働
肩回し
足上げ
ピョン
軽ジャンプ
予期せぬトラブルが
あったりするとなおさら
モタ
あっ
ピアス
落とした？
コロン
モタ
カ～ン
試着1回目
よしっ次!!!
シャッ
体力ゲージ
試着2回目
フゥ～次…
シャッ
体力ゲージ
試着3回目
フー…
ジャッ
体力ゲージ
なんか疲れた
から今日は
もういいや～
消耗…
フ～…
帰る…
体力をごっそり
持っていかれます
着直すのが面倒で
私服がどんどん
シンプルになる
ヨロ
ヨロ

試着あるある その4

お得感を感じる瞬間
似た形の服を
数枚試着して検討中…
これは3900円
こっちは4900円…
1着目
う〜ん
2着目
フム
フム
最初に着た服の方がいいな!!
うん、こっち!
あれ？値段は…
どっちが安いのだっけ？
パッ
気に入った方
4900円
SALE
3900円
ヒュー!!
パァァァ
こういうとき
すごくうれしいです
パッチーン

試着あるある その5

バランス感覚が試される
あ… この靴 かわいい
イスはひとつだけ あるけど 埋まってるか…
チラ
しょうがない ここで履いてみよう
スッ
あっ スミマセン
ぐら
ぐら
フー よし今度こそ
おっとっと…
フラ
フラリ
痛
うう
ガッツ
ヨロ
ヨロ
はあぁあん
筋肉の無さが
ここにきて ネックに——!!
ズキズキズキ

ポイントカード

必要なときに見つからない
それがポイントカード
えーと
忘れたり、見つけられないとすごく悔しい
人が並んでいると焦る
見つからないのでいいです
スミマセン
チラ
でも最近はアプリやウェブのポイントカードのお店も多い
これならなくさない！
WEB-POINT
ポイントサイトのバーコード表示をお願いします
ハイ
えーとバーコード表示には…
ID…
パスワード…
ID…パスワード…？
アレ？
アレ？
IDが違います
IDが違います
結局紙と同じことに
うまくいかなかったのでいいです～
しょぼん
じゃあレシートにつけておきますね
数ヶ月後
忘れてた…
……
印字消えてる

サイズの思い込み

うーん
ニットのサイズどうしよ〜
どっちかだよね〜
FITTING
体型的にはMだけど
お願いしま〜す
華奢に見られたいからSも試着してみよ〜
まずはM
もさっ
なんかあか抜けない
じゃあS…
ピチピチ
なんかたくましい
学生時代が懐かしい…
イエ〜イ
体型カバー100%のエスニックガール時代
現実逃避中
お客さまいかがですか〜？
なんかしっくりこないので
やめておきます〜
……
お客さまLサイズ試してみませんか？
L!?
ちょっとガーン…
え…でも私いつもMサイズで…

アレッ
なんかいい感じです！
よかった〜
実はぴったりより少し体が泳ぐぐらいがいちばん華奢に見えるんです
大きめサイズをおすすめすると嫌がるお客さまも多いんですけど…
分かる…
服の形によってフィットするサイズは違うので「自分はこのサイズ」と決めずにいろいろ試着するといいですよ
ブランドによっても全然違います
そっか…ずっと「自分はMサイズ」と思ってたけど
そこにしばられなくていいんだ！
アハハ
ウフッ
目からウロコ
ありがとうございました〜
どうも〜
キリッ
ポテトLで
華奢に見える服を買って気が大きくなる私だった

いつからいつまで？

う〜
今日寒いな〜
ゴソ
黒タイツ
黒タイツ…
ゴソ
ん？まてよ？
ピタ
3月末に
黒タイツって
おかしい？
………
スイ
…調べよう
スイ
黒タイツ いつまで
他にも「いつからいつまで？」と迷うものはたくさん
ニット帽
ブーツ
ニット
タートルネック
ニット系は「サマーニット」もあるのでさらにややこしい…
外に出てから「アレ？もしかして私季節はずれ…？」と気づくのは
しかし結構やる
春のよそおい…!!
恥ずかしいです
もういっそボジョレーみたいに解禁日を決めて
明日 黒タイツ解禁日
おっ
そろそろ…
TVとかでアナウンスしたらどうだろうか…
NEWS
本日 解禁日！
各地で解禁イベント開催
3・2・1・
タイツ ヤーット!!
今年もいい出来です!!
ポワ
ポワ
ポワ
ooo
とか妄想しつつ毎年同じ内容で検索する
はっ
私なのでした
えーと…3月中はOKっぽいな…

いつからいつまで？迷うものを私的にまとめました

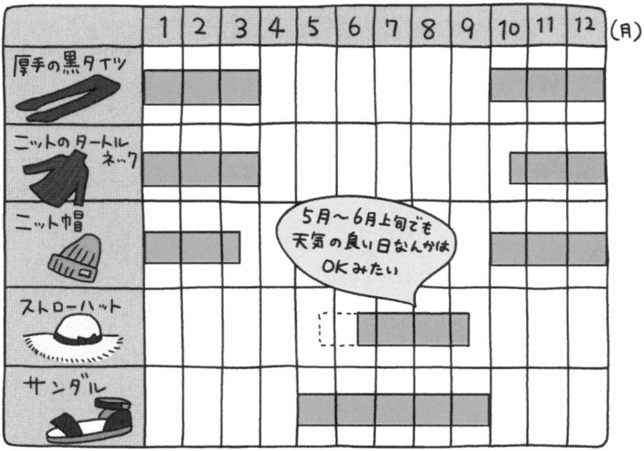
1 2 3 4 5 6 7 8 9 10 11 12 (月)
厚手の黒タイツ
ニットのタートルネック
ニット帽
ストローハット
サンダル
5月〜6月上旬でも天気の良い日なんかはOKみたい

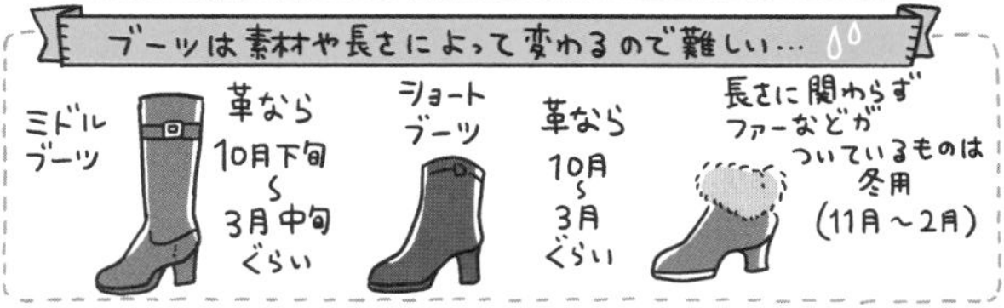
ブーツは素材や長さによって変わるので難しい…
ミドルブーツ
革なら 10月下旬 〜 3月中旬ぐらい
ショートブーツ
革なら 10月 〜 3月ぐらい
長さに関わらずファーなどがついているものは冬用（11月〜2月）

あくまで東京に暮らす私が調べた大体の目安です。
住んでいる地域やその日の気温もありますのでざっくりと参考にしてください!!

「夏用のニット帽」や「ノースリーブのタートルネック」などもありますがここには入れていません

サンダルはソックスを合わせるともう少し長く楽しめる!

通販の罠

すごく忙しいとき
ひ〜
来週の結婚式用にショール買いたいのに…
←コレ
買いに行く時間がない…
どうしよ〜
よし
もう通販で買っちゃおう
う〜ん あまり迷っている時間はない
まだ仕事終わってないし…
カチ カチ
せっかくだし安いアクセサリーでも買おうかな
送料もったいないし
ん?
あと200円で送料無料か…
う〜ん
えーと
あっコレでいいや!!
スターン
カート・イン!!

う～ん いいのないなぁ
カチカチ カチカチ
あっ このピアスかわいい!
あ～ 在庫切れか～
あっ そういえば
ロングネックレスも気になってたんだよね～
カチカチ
……
う～ん
別にアクセサリーじゃなくてもいいか!
靴下見てみよう!
ここれだっ
靴下 ¥756円
カート・イン および注文!!
スタタ――ンッ
フ～ ひと仕事した!!
……
この時間があったら
買い物行けたな…
サイト見始めてから2時間経過
こういうことがよくあります

通販での失敗経験

会社員のとき
なんか明るい色のニット欲しいな～
カチカチ
おっ
これキレイな色！
ターコイズブルー～
しかも安い
￥1700（税込）
60% OFF
全然知らないブランドだけど買っちゃえ～
ウフフ楽しみ～
ポチッ
届いた
わ～キレイな色～
安くても全然大丈夫じゃん！
おはようございま～す
お～鮮やかだね～
オハヨ～
トイレ
フンフン～♪
ん!?
ブルーが侵食しとる
繊維
白いシャツがうっすらブルーに

ええ〜
一度洗濯した方がよかったのかな〜…
つまみ
つまみ
その後も
うっ
繊維が口やら目に入る
ギャー
イテテ
ぺっ
ぺっ
さらに
ドンッ
大丈夫
あっスミマセン
あっ乗りま〜す
ブルーの繊維
ブルーの繊維がオフィスを侵食している…
KNITHAZARD
オォ〜…
ウォ〜
ジリッ…
封印されました
その後着ることはなかった…
キケン

主張の強い服

シンプルで
ベーシックな服は
着まわししやすいけど
ドキーン
Beach
インパクトのある
デザインのものも
キ‥キュン
Beach
やっぱり着たくなる
男性でいうなら
こんな感じ（？）
Beach
刺激的だけど長くは付き合えないタイプ
トキメキはないけど毎日一緒にいられるタイプ
わ〜い
Beach
しかし
わーい
Beach
たとえそんなに
頻繁に着ていなくても
おまたせ〜
インパクトのある服は
「また着てる」感が
久々に着たけどやっぱりかわいいな〜
今日は「ビーチ」の日だね…
フフ…
Beach
すごいのだった

ボーイフレンドサイズ

ボーイフレンドシャツ
ボーイフレンドデニム
ボーイフレンドサイズ
ボーイフレンド
まるで彼から借りてる
みたいなゆったりサイズ
がかわいい!
か
かわいい!!
着てみたい!!
大きめの服あったかな~
ゴソ
ゴソ
このトレーナーいいかも!
あとは~デニムとこのスニーカーと~
ゴソ
ゴソ
あっリュックも合いそう!
完☆成
ジャーーン
ボーイフレンドというより
……
ただのボーイ
(しかもダサめのボーイ)

トップスインの悩ましいところ

ちょっと前までありえなかったトップスのインも
ヤダ～お父さん～
今ではばっちり市民権を得ました
ということで私も
トップスイン!
だけどトップスインで気になるのがここのもたつき
……
ポッコリ
インナーを重ねて着れば着るだけお腹まわりが大渋滞に
キャミソール
ヒートテック
タイツ
プップー
渋滞ゾーン
なのでトップスインのときはなるべくインナーは少なく
タイツにインナーを入れ込んだりしてなるべくかさを減らす
グイ グイ
しかし
……
変わらず
ポッコリ
いちばん厚手のもの(肉)は
プップー
ズッシリ…
肉
10t
……
渋滞の一番の原因
どうしようもないのだった…

アウター選びに失敗

ドルマンスリーブの上に着るアウターって難しい…

トレンチコート

春になると
トレンチコートを
着たくなります
軽やかだし
どんな服にも合う
一枚あると便利だよね～
今度の旅行にも着ていこ～♡
後日
は～旅行楽しかったな～
ゴロン
♪～
写真見よっと
おみやげ類
1日目
スッ
2日目
スッ
3日目
スッ
あれっ…
なんか私毎日同じ服に見える…
中は毎日オシャレしてたのに…

なんか友人たちを警護しているSPっぽい…
ササササ
ガーン
ということがありまして…
トホホ
きっちり着るのもかわいいけど色々アレンジしてみたら？
アラ…
たとえば中にパーカーを着ると
カジュアルな印象に
ストールやカーディガンを上からかけると
また雰囲気が変わりますよ
ほぉ〜
ウフフ
ちなみに…
ベルトの処理でも
きっちりリボン結び
ラフにポケットに入れたり
こなれ感のある片リボン結び
印象が結構変わるけど…
ベルトはいつもどうしてました？
えーと…
こうです！
ギュ
縦&固結び
………
道着…？

2wayのバッグ

LUMI
今日は新しいバッグを探しています
今のボロボロだからな～
あっこれかわいい
裏地がグリーン
…けどちょっと高いな…
今月お金が…
そちらリバーシブルなので2wayでお使いいただけますよ～
えっ
……
……
バッグ2個分と思えば安いか…
私名物
都合のいい思考回路
これください

1日目
今日は黒〜
2日目
今日は
えへへ
裏返して使お〜っと
ドサ
ドサ
グリーンもかわいいな〜
ん？
なにこれ
ばっ
ノック式ボールペン
出てる
ガガーン
一日で1wayになった――――!!
落ちなかった
バッグの中身は整理しましょう

2way伝わらず

前後逆でも着られる
2wayのニット
服が少なくても変化がつけられるので便利
会社員時代
今日はこっち～
スタスタ
今日は逆～♪
ピタッ
じっ
アッ
…?
おじさまに2wayの
概念通じず
部長が「こいつ後ろ前に着てやがる」という顔をしていらっしゃる
いいや…つっこまれたら説明しよう
……
これこういう服なんですよ！
結局自分で言う私だった

言い訳したい

月曜日
打ち合わせ
火曜日
取材
水曜日
打ち合わせ
最近ずっとかっちりめの服着てたし
今日はちょっとラフにいこう
フンフフ〜ン
PAN CAKE
あれっ
お仕事相手
ビクッ
あきばさん！偶然ですね〜
こういうとき
………
…違うんです
PAN CAKE
カッ
違うんです
今日だけなんです!!!
PAN
と言い訳したくなります
…お久しぶりです〜

アレンジ上手は旅上手

友達と3泊4日の旅行に行くときのこと
荷造り中
う〜ん
せっかく新しい旅行バッグを買ったのに
パ
パ
全然入らない…
このままだとこれになっちゃうヤバイ
学生時代のバッグ
せっかくおしゃれしても台無し!!
SPORTS
服を減らす? でもな〜〜
せっかくの旅行だしおしゃれはしたいし
ぎゅむ
ぎゅむ
ムリっす
パ
パ
うーーん…
……
フッ…
とりあえず一旦休もう…
現実逃避
パラ…
ん?
1枚のワンピースで7変化♡
!!
なになに…小物のアレンジで雰囲気チェンジ…
これだ

プレーンなワンピースに
プラスストール
うん　かわいい!
プラスファー
セレブな雰囲気
プラス
ボーダーカーディガンで
カジュアルに
プラスストール
さらにベルトでウエストマーク
もう違う服みたい!!
他にもいろいろ
試してみよ～
これも
あれも
楽しくなってきた～
そして旅行初日
今回珍しく
小荷物だよね
服も
カワイイ～
エヘヘ
アイス
つるっ
あっ
着まわしコーデに
ピンチ到来

小物でアレンジ無限大

黒ワンピ 1枚で!!
上着を腰に巻いてカジュアルに
スカーフでレディーに♡
サッシュベルトでウエストマーク
着まわしのきくシンプルなワンピース
特に黒は カジュアルな場でも
かしこまった場でも着られる便利アイテムです!
店員さん
パーカーオンでリラックススタイル♪
ロングカーディガンでスマートなIラインを!
シャツをイン!
腕はしっかりまくってシャツを見せる

いさぎよい
オール
ブラックコーデ
プラス
ジャケットで
お仕事
モード
大判ストールで
ボリュームを
もたせれば
小顔効果も…
レディーな
赤パンプスを
主役に
モフ
モフ
同じストール
でもこんなに違う!!
肩に
かけて
ショールの
ように
巻いて
後ろで
ラフに
結んで

おしゃれの引き算

アクセサリー安かったからたくさん買っちゃった
へへへ
今日早速つけてこ
いらっしゃいませ〜
ゴチャラーン
あきばさん…
古代エジプトの王族みたいになってます
えっ
色々つけすぎてゴチャゴチャになってますよ〜
アレ〜？なんかいろいろつけてみたくなっちゃって…
変…？
よくばりすぎです—
もっと引き算しないと！
引き算〜？
たとえば大ぶりのピアスのときはネックレスを外すとか
スッキリした
OFF
メガネをかけるときは顔まわりがごちゃつきがちなのでピアスをとるもしくは小さめにするとか

赤リップを主役にして
あえてぜ～んぶアクセサリー
をオフにするコーデも
パリジェンヌ気分♪
こなれ感があってステキ
服も同じで
インパクトのある柄物を
着るときは
ストール以外全部白♪
それ以外の主張を
抑えたり
どこにポイントを置くか？
と考えて
スカート以外モノトーンでスッキリ♪
そこが引き立つように
するといいですよ
出かける前に
鏡で全身をチェックして
ごちゃついていると感じたら
1～2アイテム
オフしてみてください
今日も
このぐらいで
OK
これが引き算！
ホントだ！
全身のバランスが
よくなった～
ありがとう
ございます～
エヘヘ
今日はインナー買っていきます～
ありがとうございます～
2000円です
はい
ん…ん？
サイフない
肝心なところだけ
引き算する私だった

メガネでおしゃれ度アップ

いや、ただ見慣れていないだけだよね
ウフフ
もっと色々試してみよっと
チャッ
チャッ
5分後
完全に分からなくなりました
っていうかメガネ以前に
ボヤ〜
「私こんな顔だっけ」って感じになってきた…
あの人ずっとあそこにいる…
ゾッ…
ブツ
ブツ
ブツ
いいや！安いしためしに買っちゃえ！
ください
チン
2000円で〜す
後日
おまたせ〜
ドキ
ドキ
友達
今日…くいだおれ太郎みたい!!
完

どこまでがすっぴん？

ほぼすっぴんでも
大丈夫な10代
ツヤ
ツヤ
働き始めて
休日も遊びたい
毎日しっかりメイクの20代
イェーイ
そして30代以降…
同棲や結婚、子育てなどを
経験する人も多く
逆にすっぴんを見せる機会が
増える年代かもしれません
ゴ…
ゴクリ…
ところで
すっぴん
すっぴんの定義って
どこからどこまででしょう
?
最近は
ばっちりと化粧をしなくても
盛れるアイテムがたくさん
まつ毛パーマに
くる
くる
マッチ棒のせたい…
くるんとしているだけで印象が全然違う！あとメイクが楽〜♪
まつ毛エクステ
長さ＆太さ＆ボリュームアップ
マスカラいらず
あ〜
タオルの繊維に引っかかる…

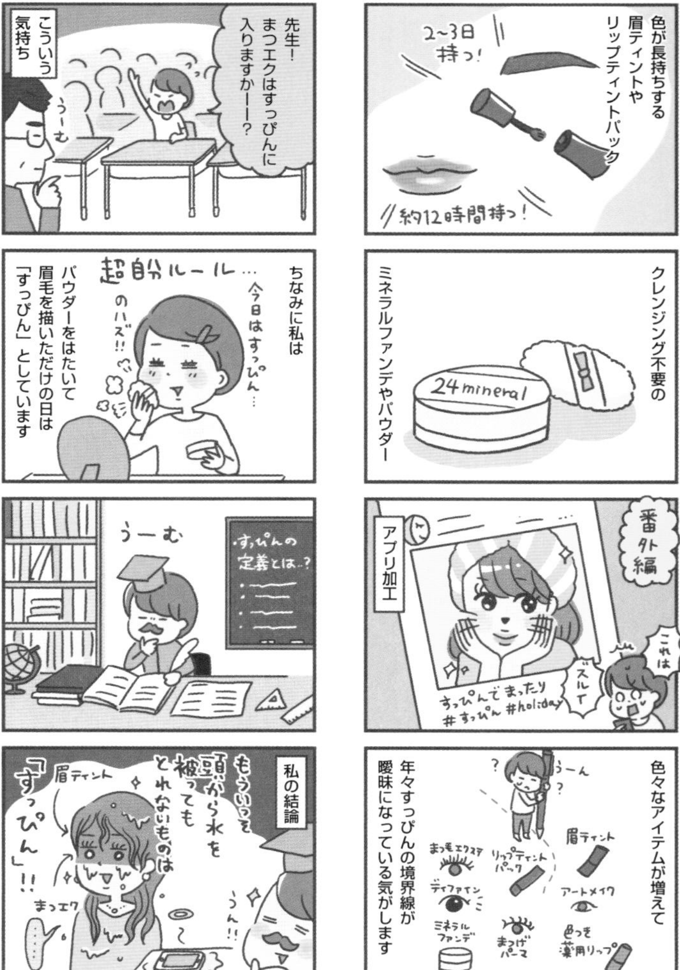

色が長持ちする
眉ティントや
リップティントパック
2~3日持っ!
約12時間持っ!
クレンジング不要の
ミネラルファンデやパウダー
24mineral
番外編
アプリ加工
すっぴんでまったり
#すっぴん #holiday
これは
スルー
色々なアイテムが増えて
年々すっぴんの境界線が
曖昧になっている気がします
うーん
まつ毛エクステ
リップティントパック
眉ティント
ディファイン
アートメイク
ミネラルファンデ
まつげパーマ
色つき薬用リップ
先生!
まつエクはすっぴんに入りますかーー?
こういう気持ち
うーむ
ちなみに私は
パウダーをはたいて
眉毛を描いただけの日は
「すっぴん」としています
超自分ルール…
今日はすっぴん…
のハズ!!
うーむ
すっぴんの定義とは…?
私の結論
もういっそ頭から水を被ってもとれないものは
「すっぴん」!!
眉ティント
まつエク
うん!!
……

眉ティント

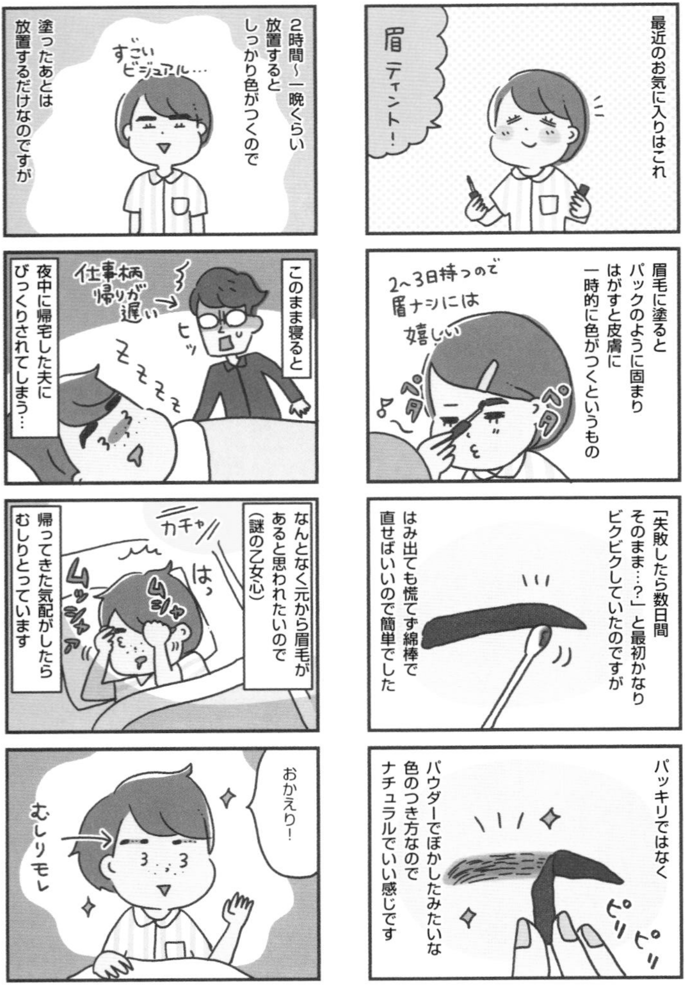
最近のお気に入りはこれ
眉ティント！
眉毛に塗るとパックのように固まりはがすと皮膚に一時的に色がつくというもの
2～3日持つので眉ナシには嬉しい
ペタ
ペタ
「失敗したら数日間そのまま…？」と最初かなりビクビクしていたのですが
はみ出ても慌てず綿棒で直せばいいので簡単でした
パッキリではなくパウダーでぼかしたみたいな色のつき方なのでナチュラルでいい感じです
ピリ ピリ
2時間～一晩くらい放置するとしっかり色がつくので
塗ったあとは放置するだけなのですが
すごいビジュアル…
このまま寝ると
夜中に帰宅した夫にびっくりされてしまう…
仕事柄帰りが遅い
ヒッ
なんとなく元から眉毛があると思われたいので（謎の乙女心）
帰ってきた気配がしたらむしりとっています
カチャ
はっ
ムッシャ
ムシャ
おかえり！
むしりモレ

アイシャドーのマンネリ感

ピンク色めく
春色メイク
雑誌には季節やTPOに合わせた色々なメイクが載ってるけど…
私一年中ずっと同じアイメイクだ…
むしろ10年ぐらい変わってない気がする…
基本的にブラウンのみ…
30才
20才
コロン
春だし、ピンクとかグリーンとかのメイクしてみたいな～
ドラッグストア
春色…
春色…
ウロ
ウロ
ん?
こ、これだーっ!!
ベースはブラウンで1色のみ華やかカラー
ブラウンベースだし、これなら大丈夫かも!
ピンクとグリーン買ってみよ!
半年後
……
残…
華やかカラーメイク難しいです…

スポンジは清潔に

デパートのトイレ
なんか肌の調子悪いんだよね～
ニキビできた～
なんか変わったことあった？
う～ん…
なんだろ…
ヌリ
ヌリ
ストレスかな…
ヌ～～ン
特派員は見た!!
恐怖！汚スポンジを顔にこすりつける女
ギャー
それだわ!!
そのスポンジいつ洗った…？
え…
買ってから洗ってない…
1ヶ月ぐらい…
洗っていないスポンジって「トイレの床」ぐらい細菌があるっていうよ…
ガーン
ええっ

トイレを顔に…
ガーン
ガーン
ガーン…
スポンジって何で洗えばいいの!?
そりゃ肌も荒れるわ…
クレンジングオイルや台所用洗剤でも汚れは落ちるけど
専用クリーナーがおすすめ!
100均にもあるよ
さっそく洗ってみた
おおっ
スル〜
ファンデのノリも良くなった
肌の調子良くなるかな〜
続けよ〜っと
しかし一ヶ月後…
ブッ
こんな感じの
ズボラ村の住人には
めんどいな…
Yes I'm ZUBORA
ポリ
ポリ
2007 LIVE TOUR
こんなものもあります
使い捨てスポンジ
30個入り 400円
毎日新しい部分を使用し、4日で捨てるようにしたら
肌荒れが改善しました! 汚スポンジさんはお試しあれ
1日
2日
3日
4日

コスメカウンターに行こう！

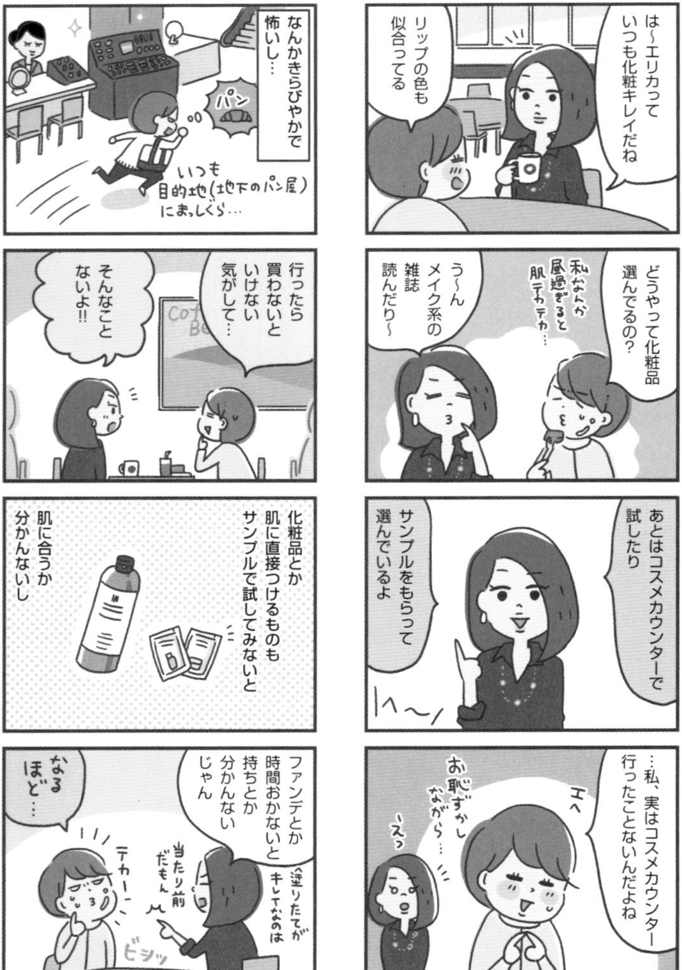
は〜エリカって いつも化粧キレイだね
リップの色も 似合ってる
どうやって化粧品 選んでるの？
私なんか 昼過ぎると 肌テカテカ…
う〜ん メイク系の 雑誌 読んだり〜
あとはコスメカウンターで 試したり
サンプルをもらって 選んでいるよ
へ〜
…私、実はコスメカウンター 行ったことないんだよね
エヘ
お恥ずかしながら…
えっ
なんかきらびやかで 怖いし…
パン
いつも 目的地(地下のパン屋) にまっしぐら…
行ったら 買わないと いけない 気がして…
そんなこと ないよ!!
化粧品とか 肌に直接つけるものも サンプルで試してみないと
肌に合うか 分かんないし
ファンデとか 時間おかないと 持ちとか 分かんない じゃん
塗りたてが キレイなのは 当たり前 だもん
テカー
ビシッ
なるほど…

後日さっそくデビューしてみました
口紅が欲しいんですけど
どうぞおかけください!!
お肌の色味見ますね
ピッ
肌色的にイエロー系の赤が似合いますよ
試してみましょう
わっ本当だ!!
なんか顔色が良く見える!!
あのこっちの色も試してみていいですか?
じ…
もちろん!
ニコ
一度オフしますね~
いつものメイク風景
あっ塗りすぎた
ゴシゴシ
ゴシゴシ
ゴシゴシ
スッ
やさしい…
口紅ってドラッグストアだと口につけられないから
う…うーん…?
手の甲に塗ってチェック
選ぶのが難しくて
結局使わなくなることも
後ろめたい
あったけど

プロに相談できると
これもいいけど
やっぱりさっきの色かな…
失敗が減っていいかも!
ありがとうございます! 美容液のサンプルも入れておきますね
よかったらお試しください!!
もっと早く来てみればよかった
ホク
ホク
それになんだか…
女子力高まります!!
注 女子力
むこうもプロなので気軽に立ち寄ってOK♪「試してみたい!」と伝えよう!
なるべくすいている時間に行くといいかも
やさしかった〜
いきなりフルメイクをしてもらうと自分の好みと違ってびっくり!ということもあるので
最初は「アイシャドーだけ」「リップだけ」という試し方の方が安心だよ
もしフルメイクを試してみたいときは自分の好みに近いメイクをしているスタッフさんに頼むといいかも
キリッ
ふわっ
左の人のメイクが好き!

帽子の悩み

ミナって帽子似合うね～
ありがと～
私、頭も大きいし丸顔だからな～
球体…
「乗ってる」感
アレ?
好きなんだけど
丸顔の人は少し高さのある帽子がいいと思うよ～
高さのあるニット帽とか
高さを出して縦長を強調!!
へ～
顔の形によって似合う帽子が異なるから
面長
高さを強調する形はNG 幅のあるハットが似合う!!
ベース形
私はコレ! 大きめシルエットでエラをカバー
似合う帽子はきっとあるはず!
へ～
さすが帽子好き!
後日
おっいいじゃん
エヘヘ
似合うよ～
テラス席
サン
サン
1時間後
あ、暑くない…? 脱いだら?
ダラ
でさー
ダラ
ハアハア
汗っかきなので一度被ったらもう脱げないのでした
なんか…ゴメン…
……

特別なアクセサリー

実家に帰ったときのこと
さやか さやか
なに? おばあちゃん
これ あげる
パール
わっ指輪?
クラシカルでかわいい〜
金
ちょっと変色しちゃってるけど…
いいの?
うん もうつけないからね
うれし〜
おばあちゃんありがとう〜!!
とはいったものの
ギュムムム
全然入らなかった
フンヌヌヌヌヌヌ
おばあちゃん指細かったんだね…
どうしよう
ヒリヒリ
とりあえず修理のお店に持って行ってみた
ジュエリー・時計 修理
サイズ直しっていくらするのか見当もつかない…
ドキドキ
※東京に戻りました
どうやってサイズを大きくするんですか?
一部を切断し、地金を足すんです
切って
地金を足して
仕上げ

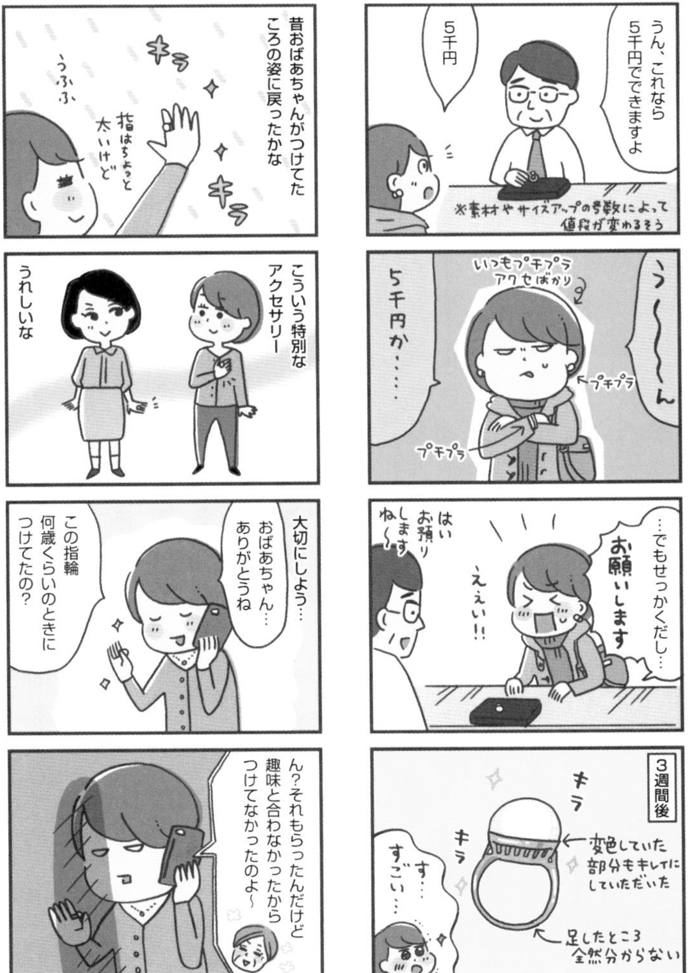

うん、これなら5千円でできますよ
5千円
※素材やサイズアップの号数によって値段が変わるそう
う〜〜〜ん
5千円か……
いつもプチプラアクセばかり
プチプラ
プチプラ
…でもせっかくだし…
お願いします
はい お預りしますね〜
えぇい!!
3週間後
キラ
キラ
変色していた部分もキレイにしていただいた
す… すごい…
足したところ全然分からない
昔おばあちゃんがつけてたころの姿に戻ったかな
キラ
キラ
うふふ
指はちょっと太いけど
こういう特別なアクセサリー
うれしいな
大切にしよう…
おばあちゃん…ありがとうね
この指輪何歳くらいのときにつけてたの?
ん?それもらったんだけど趣味と合わなかったからつけてなかったのよ〜

ハイヒールの魔法

昔は頑張ってハイヒールを履いたりしていたけど
20代前半
最近はもっぱら
ペタンコ靴
楽…
ペタ
ペタ
でもやっぱりハイヒールで颯爽と歩く女性は
かっこいい
カッ
カッ
よし、明日久々に履いてみようかな
昔買った
9cmヒール
メラ
メラ
翌日
カッ
カッ
わっ
スラ〜ッ
すごいスラッとして見える!!
走れないけど…
ぶき
ぼうぐ
アクセサリー
アイテム
Lv.30
ハイヒール
特殊効果
+脚長効果↑
−走る↓
−長く歩く↓
ワー
点滅する信号を見送っている
バタバタできないから
仕草もなんだかちょっと女性らしく
駅の階段
しず…
しずー…

私のような
ヒール慣れしていない人は
ヒール低め(3~5cm)&ストラップ付き
が安心ですね…

最近は
フィット感とクッション性に優れている
「走れるパンプス」も
色々なメーカーから出ています

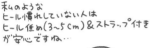

浅履き靴下の苦悩

今日はスニーカーにしよ！
浅履きの靴下を合わせて～
外出中
クル
リン
靴下脱げた…
なおし
なおし
プリッ
テク
テク
また…
なおし
なおし
あっ
プリッ
プリッ
靴というより
グギギ…
全自動靴下脱ぎ機…!!!

足先の防寒

※1月
うわっ今日の夜気温下がるんだ～
真冬日
この時期はブーツを履いても
足先が冷えるんだよね～
ヒェ～
…よし厚手のタイツの下に
靴下履こっと
1
2
…と思ったら靴下ほとんど洗濯中だ!!
ガーン
変な柄のしかない…
どこかのお土産でもらったネタ靴下
まいっか…どうせ見えないし～
中学生…柄…??
ガヤ
ガヤ
どうも～
お仕事関係の方達
ぼわわーーん。。
厚いタイツでも足先はけっこう透ける…
ちょっとしたホラーになった

足元のおしゃれが分からない

コーディネートで
いつも悩むのが
ボトムスの丈と
靴、靴下の関係
裾に関しては
こうより
若干ロールアップすると
おしゃれに
見えるのは知ってる
でも悩むのが
靴下の扱いなんだよね～
たとえば
こういうのとか
白ソックス × スニーカー
こういうの
ロールアップ × ボーダーソックス × おじ靴
見ている分には
おしゃれ!!
と思うんだけど
自分でやると
ボーイスカウト…?
「これでいいのか感」が
漂います

そもそも
長い靴下＝おじさんのイメージがなかなか抜けないというか…
う〜む
あと
ここの隙間に悩む
どのくらいがおしゃれなのか
バランスがいまいちわからないのよね〜
ボトムスと靴と靴下
この3つの関係が悩ましい
アハハ
ウフフ
そして結局
いつものコーデに
しょぼりん
葛藤の痕
靴下のバランスが難しいです〜
アララ
抵抗があるなら
まずは同系色でトライしてみたらどうですか？

今日私もしてるんですよ
おおっ
グレーソックス×黒パンプス
なじむので遠目だとブーツみたいに見えるし
ホントだ〜!!
これならできそう
グレーの靴下は比較的合わせやすいのでオススメです
へ〜
でも、赤などのはっきりした色を靴下で取り入れるのも靴下コーデの醍醐味ですよ♪
簡単におしゃれに見えます♪
差し色よ
是非トライしてみてください
はーい
翌日
履いてみた!!
←グレー
これでいいのかな…
モヤッ
不安
はっ
いやいや大丈夫
一度家から出たらもう「これでいいのかな?」と思わない
チャッ…
これがいちばんのおしゃれのコツかもしれない… そう思う私だった
大切なのは…自信!!
アキバ

探すと見つからない

いつも服選びはノープランですが
えーとえーと
朝慌てて選ぶ
バサ
バサ
たまに
明日あれとあれを組み合わせよう
ピシャーン
と前日に決めることも
朝
しかしそういうときに限って
ない……
プル
プル
あとあのトップスだけですべてが完成なのに
なんでだー
NO──!!
今から違うコーデに切り替えるか?
それともこのままあのトップスを探し続ける!?
うろ
うろ
うろ
ギリギリの二択
心象風景
山頂に山小屋が～あると信じて登るか…
長い道を引き返すか…
ビュー
えーと
えーと
うおーダメだ～～
しょうがない! イマイチだけどいつものワンピースだ!!
この前もこれだったけど
スポ
ドドドド
くそ～っ
ちくしょ～覚えてろっ
捨てゼリフ
そして数日後
1つのハンガーに2～3枚かかってるものの1番下
大体こういうところから発見される

ズボラな私の 汚クローゼット 事件簿

抜け殻残し

服選びで迷って服をクローゼット
前に脱ぎ散らかすこと、時に
とても躍動感溢れる仕上がりに

ヒートテック・スーケテッル

ヒートテックを限界まで着て
セクシーな透け感を
作り出すこと。
すでに暖かくはない

はぐれリボン

長年クローゼットの
奥に眠る
何かの服に
ついていたリボン
何の服についていたか…
それはもはや
分からない…

とがり肩

雑にずっと
ハンガーにかけっぱなしにしていた
ニットの肩が強そうになる現象
肩にツノでもあれば
フィットするかなあ

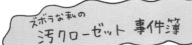

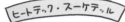

いつもごちゃごちゃ
汚クローゼットの私が
おしゃれを楽しむ環境を見直すべく…

プロの力を借りて
「美クローゼット」を目指すルポマンガ、
はじまります！
ぎゅう
ぎゅう
GO!

汚クローゼットの私がプロの力で美クローゼットを目指す

①「似合う」を見つけよう編

夕方
ガチャ
ふ〜
疲れた〜
ただいま〜
おう…
ズン
疲労感が増した音
プシュ〜
しまわなきゃ〜
ぎゅう
布団敷けない…
ぎゅう
今日してたストールは…
…
満員です
チラリ
とりあえずここでいいか!
ドムス
ギャー
そして翌日
何着ようかな〜
最初に戻る

おしゃれ
どうこうの前に
あのクローゼット
にテンションが
上がりません…
どうすれば…
あきばさん…
この本の担当 ワキさん
ワキさん…
プロに頼りましょう!!
そっ
それだー、
こんにちは〜
クローゼットオーガナイザー
林 智子先生
林 智子先生
ライフオーガナイザー
クローゼットオーガナイザー
骨格スタイル協会認定講師
今まで500人以上の女性の
パーソナルスタイリングを
してきた経験を持つ
クローゼットから
おしゃれを見直す
スペシャリスト

よろしくお願いしま～す
キレイ!!スタイルいい～
今回は「自分に似合う服装」と「コーディネートのコツ」を教えていただき
※自宅に来ていただいた
ではさっそくクローゼット拝見しますね!
はいっ
さらにクローゼットの課題を解決するメニューをお願いしました
ガラッ
ヒー
事前に「なるべく普段の状態で」と言われていたので
前日
葛藤中…
ちょっとぐらい片付けたい…
でも…
クローゼットは本当にそのままの状態…
ゴソ
ふむふむ
一つのハンガーに3～4枚かかってる
開かない引き出し
グッ

普段人には見せないクローゼット
何百とクローゼットを見てきているだけあってまったく動じない林先生
フムフム
変形したクリアケース
いつもハンガーがアレであのそのつまり
えーと
えーと
とにかく恥ずかしくてしゃべる
なかなか恥ずかしいです
その後はヒアリング、なりたいスタイルや課題を話します
私のクローゼットとコーデの課題がこちら
○いつも着こなしがワンパターン
○服が探しにくく必要なものが見つからない
○引き出しがパンパン
そして「こうなりたい」というゴールがこちら
○毎日、変化のある着こなし
○品のいい、けど力の抜けた都会的なオシャレ
GOAL
○○さん（有名モデル）みたいになりたいです…
恥ずかしげもなく理想を語る私
エヘヘ
ウフフエフ

「似合う」は
なりたい自分へ近づく
お助けアイテム!
GOAL
課題
課題とゴールが定まったら
次はあきばさんの
「似合う」を探していきます!
ここからは
先生がプロの目で
似合う色・形・素材を
診断してくれます
色
色々な色の
布を
あてたり
肌に
数種類の
ファンデを塗って
なじみ具合を
見たり
鏡
肌が黄色ベースか青色ベースか?
また瞳や髪の色はどうか?
それによって似合う色が違う
形や素材
肌の弾力も
チェック
首の長さ、骨の太さ、肋骨の形状など
骨格をチェックし、似合う服の形と素材を
導き出す

こうして出た私の「似合う」がこちら
診断 結果
黄色ベースの肌色
「ストレートタイプ」といわれる骨格
・ベージュや茶、オレンジ、サーモンピンクなど明度と彩度が高い色が得意
・青や黒はちょっと苦手
・キレイめのものや深めのVネック、肩線がしっかりしているなど直線的なもの、平面的でフラットな素材感が似合う
・ハリのある生地感のものが似合う
・ニットならローゲージよりハイゲージ
※本当はもっと細かい診断ですが、かなりざっくり紹介しています
茶とかオレンジとか…あまり着ないんですけど
あらとっても似合う色ですよ
正直好きじゃない…
いつも黒とかネイビーです
イヤダ〜
黒とか青がすき〜
診断に文句をつける女
青が似合うと言われた
ワキさんズルイ〜
バタ
ジタ
……
大丈夫!!
似合わない色でも合わせ方はあります
顔から離れた場所で使ったり
なるほど!
似合うゴールドネックレス
ニガテ色の黒
ボトムスとか
ニガテ色の青
似合う色でなじませるといいですよ

それにしても似合う形や素材って…
骨格や肌質によってそんなに違うんですか？
はい、たとえばあきばさんはデコルテ部分が

前に傾斜しています

あと首も少し短めですね

だから胸元にフリルなどの装飾のある服や短いネックレスより
ホロッホー
首が短くがっしりして見える
スッキリ
直線で見せるVネックやロングネックレスの方がいいんです
ちなみに私はストンと下にまっすぐ
ホントだーっ
あきばさんの体型では似合う深いVネックも私が着ると華奢なおじいちゃんみたいになりますよ
アハハ
へえ…
フム。。
スリムな先生でも似合わない服が…
なぜかちょっと嬉しい二人

似合う服が分かったところでさっそく手持ちの服で合わせてみましょう
ハイ
振り返ると
わっ
ズラー
アシスタントさんの手ですでにすべての服が出されていました
似合う素材や色を考えるとこんな感じとか
おおっ
似合う色
オフホワイトトップス
ベージュスカート
白コンバース（先生の私物）
こんな感じとか
おおお この服着たの数年ぶり…
グレーロングカーディガン
オレンジバッグ
ネイビースカート
似合う形（キレイめのIライン）
先生のコーデは新鮮な驚きがたくさん…
なんでこの組み合わせ今まで一度も思いつかなかったのか…!!
カワイイ…!!
あとこれより
こっちの方がいいですよね！
うん うん うん うん

どうやら「似合う」「似合わない」は他の人の方が分かりやすい様子
自分だと「この服が好き」というフィルターがかかる
客観的な視点は大事ですね
このデザインカワイイ！
主観
それにしても先生！どうすればこんなに色々コーデを思いつくんですか？
毎日先生に選んでほしい…
コツは「買ってすぐのテンションの高いとき」に何を合わせるか考えておくことです
なるほど…
!
いつも
わ〜い買っちゃった〜
袋のまま放置
お出かけの日
今日着よ〜
バリバリ
結果数種類の組み合わせしかしない
あとは一つのアイテムでお題を決めてコーディネートを作ってみたり
お題
赤っぽいコーデ
青っぽいコーデ
コーデ大喜利!!
家族の前でファッションショーをするのもいいですね！
ママコレ2017
楽しそう〜

私、このコーデがいいと思うとそればっかり着ちゃうんです…
ハンコのように同じ組み合わせ…
雰囲気変える方法ありますか?
それには…
「小物セット」です!!
たとえばシンプルなコーディネートに対して
白シャツ
ネイビースカート
こんな小物セットならマニッシュでハンサムな印象
ストライプのネイビーストール
黒バッグ
黒のおじ靴
こんな小物セットなら一気に女性らしい雰囲気に
茶色のバッグ
パールピアス
ファーストール
茶色のパンプス
ほ…ほんとうだ!!
ファ
全然雰囲気が違う!!

この小物セットをいくつか作っておくと他のコーデにも使いまわせます
たとえば…
カジュアルセット
白小物セット
服が少なくても簡単に違う雰囲気になれますよ
先生が作ってくれた小物セット…靴とバッグの色がそろってますね
ええ！
全身で見たときに3色ぐらいにおさまると全体のまとまりがいいんです！
3COLORS!
グレー
ネイビー
イエロー
ネイビー
だからバッグと靴の色を合わせるといいですよ
私、「黒ならなんでも合う」と思って…靴は黒ばかりをそろえてました…!!
ガーーン
80%黒です～
茶色バッグのときも黒靴…
靴箱だけ見たら
「忍者の家のよう～…
拙者今日はこのパンプス～

黒は意外と
難しい色なんです
それより様々な色で
小物セットを
作っておいた方が
ラクですよ
だから私いつも
なんとなく
ちぐはぐだったのか～
ネイビーが
入っている
から
くつも
ネイビー
合わせる色に迷ったら
ストールや服の柄に
入っている色を
合わせるといいですよ
なるほど!!
午前中で目から
うろこが100枚くらい
落ちましたが
ドドドドドド
ここで一旦お昼休憩
アハハ
うろこ
このとき私はまだ
この後に
精神的な試練が
訪れることを
知る由もありませんでした
これ
美味しいっスね～
アハハ
ムッシャ
ウフフ
ムシャ
ワキさんの
台湾みやげ
しいたけチップス

ファッション誌の活用

雑誌で「いいな」と思うコーデがあったらどうしますか?
すぐ似たような服を買います
う〜ん
まずは手持ちの服で再現してみてください
雑誌はスカートだけど…
同じ色のガウチョで代用!!
なるほど!!
まったく同じじゃなくても色や形を再現してみると結構いい組み合わせになりますよ

おまけ 〜クローゼットから出てきた恥アイテム〜

浮かれたパーティー気分の遺産
イエーイ
トナカイカチューシャ
ヒィィィィ
アシスタントさんがキレイに並べてくれた
すぐ捨てた
サッ
ドン
ゴミ

②服の仕分けとクローゼット収納 編
そして午後
では これから実際に 着る服だけを クローゼットに 戻していきます
おー
一枚一枚 見せて いきますので 着るか 処分するか 判断して ください
はーい
どうしても迷うものは 「迷う」と言ってくださいね
迷うものは 迷うもので まとめておきます
迷うもの
はーい
いいですか
コホン
心地よいクローゼットのコツは
「明日着ていきたい服」 のみにすることです!
今の自分を120% 楽しませてくれて
なりたい自分に ふさわしい服だけを 残しましょう
じゃ 始めますね! 3秒くらいで 決めて くださいね
さ、3秒!?
ドキィ

ボロボロ ニット
これは?
き、着ないです
シャツワンピ
これは?
好きです 着ます!
スウェット素材のワンピース
これは?
う〜〜〜ん
迷います!!
これは?
て…手放します
これは?
う〜ん…この形古いですか…?
キッパリ
…古いですね
手放します
これを繰り返すこと約1時間半…
ハア
ハア
今までなんとなく捨てられなかった服の必要性を即座に判断していく作業は
疲れますから休んでくださいね〜
なかなか心にきます
糖分補給
モシャア
パイナップルケーキ
ハイ…
ピカー
すぐに何を手放したかも忘れます
同じことを繰り返さないことが大切ですよ!
大丈夫!!
手放すときは心が痛みますが
ホントっすか…

すぐに判断できるものは
いいとして
なぜか へそが
出るGジャン
毛玉の 毛玉による
毛玉のためのニット
やぶけたタイツ
10代から
持っていた
ミニスカ
逆になんで
持っていた
すごく迷うものも…
う〜〜…
「すごく好き」じゃない
けど、近所とかで着るかな…
でも首がちょっと
ヨレッとしてて…
ブツ
ブツ
ブツ
…
迷うときは
「理想のあの人は
この服を着るか？」と
考えてみてください
先生の
魔法のコトバ
その1
憧れの
モデルさん
ヨレ
ヨレ
ヨレ
……
嫌ですー!!
さよなら
ですねー
ハーイ
この言葉は効果的でした
いらぬ
これも
いらぬ
勝手に
イタコ化
次はコレ〜

次に止まったのは
ピタッ
買ったけど
あまり着ていない服
この服…
買ったのはいいけど
なんかしっくりこなくて
2回くらいしか
着てないんだよな〜
どうしよう…
ズビシ
あまり着ていない服は
「着ていない」から
手放せないんです!
あぁっ
そういう服を
キープしていると
「クローゼットはパンパンなのに
着る服がない!」
状態になるんです!!
まさにそれです
こういう
手放せない服を
しまっておく
スペースにも
「家賃」が
かかって
ますよ…
先生の魔法のコトバ その2
ウフフ
チャリーン
はっ
お金に換算すると
とたんに背中を押されるから
不思議です
し…処分…
します!!
段ボールで
1畳ぐらい使ってて…
家が約20畳?
家賃÷20で…
ブツブツ
チーン

えーと
HAPPY HALLOWEEN
これは…?
某アミューズメントパークで友達とお揃いで買ったTシャツ
あっ
しかも浮かれたハロウィン柄
これは買った当日しか着てなくて～
20代最後のはっちゃけの思い出
イエ～イ
なつかしい…
もったいないし部屋着にしようかな～♡
NO
ギュウウン
やっぱダメですか?
すごい首ふられた…
ドキドキ
家にいるときついついボロボロの服や
好きじゃない服も着がちですよね
誰も見ていないからいいや…
と思ってませんか?
お思ってます…!!
No!
「自分」が見ています!
ビシッ
じ、自分…!!

変な部屋着では気分が上がりませんよね
あきばさんのように自宅で仕事をしている人や子育て中のママなど
家にいる時間が長い人こそ自分を大切にしてほしいです
確かに…
ぎゃっ
鏡やパソコンに自分が映るたびテンション下がってたな…
ボロ〜
さらにこれが年中浮かれたハロウィンTシャツになったら…
ヘアバンド
ヒートテック
とっさの来客にも対応できないですしね…
着る服を仕分けるだけで
ライフスタイルを考えるきっかけにもなるな…
たくさんの気付きがありました
仕分け後半には
ちょっとした「捨てハイ」状態に
もっと…もっと減らせる…
ハァ
ハァ
そして最終的に着る服だけを残して仕上げてもらったクローゼットがこちら!
次ページへGo!!

BEFORE
ぎゅう　ぎゅう
乱雑に積まれたバッグ 一つ出すと全部 落ちてくる
重さで歪んだ ハンガー
びよいーん
ここの他にも 押し入れに ダンボールで 保管してある 服も…
一つの ハンガーに対し 2〜4枚 かかっている
丈が長い服は 裾が引き出しに あたって シワシワに…
引き出しには トップスやボトムスが ごちゃまぜに入っている
パ
くしゃ〜
パ
引き出しの上は 「とりあえず」 置き場…
深くて開けにくい 引き出し
右は夫用 (ここの他にもう一つ夫用の 自立型クローゼット有)

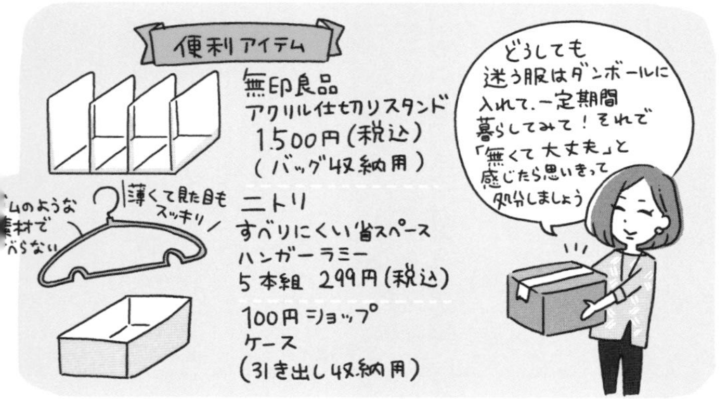
便利アイテム
無印良品
アクリル仕切りスタンド
1,500円(税込)
(バッグ収納用)
薄くて見た目も スッキリ
ムのような
材で
がらない
ニトリ
すべりにくい省スペース
ハンガーラミー
5本組 299円(税込)
100円ショップ
ケース
(引き出し収納用)
どうしても 迷う服はダンボールに 入れて、一定期間 暮らしてみて！それで 「無くて大丈夫」と 感じたら思いきって 処分しましょう

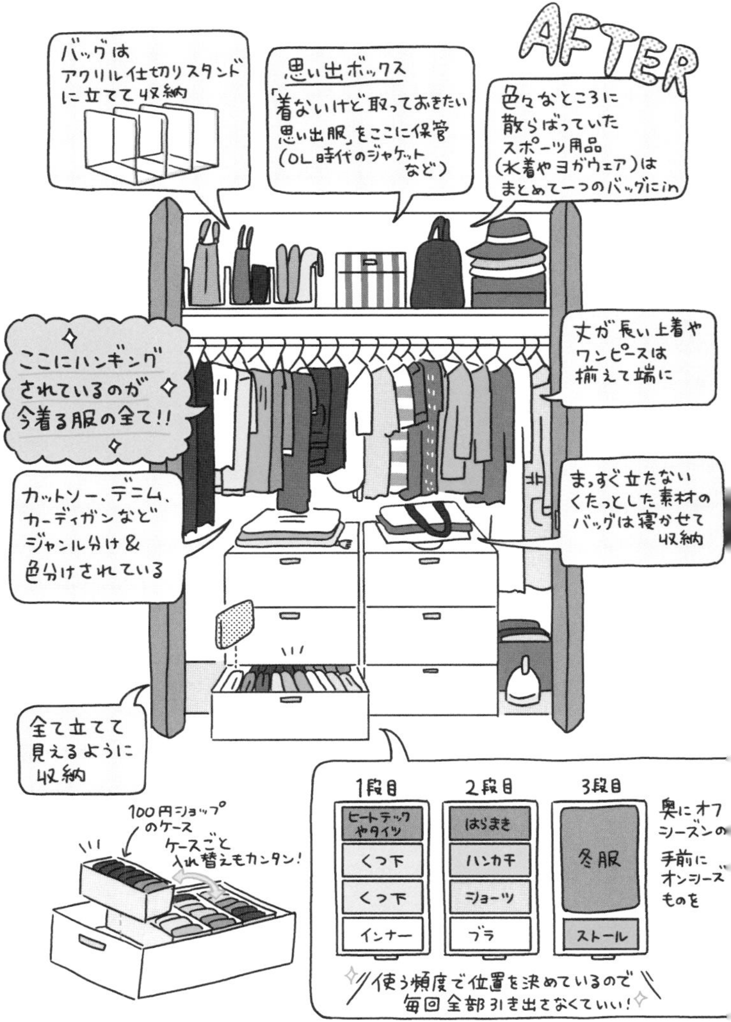
AFTER
バッグは
アクリル仕切りスタンド
に立てて収納
思い出ボックス
「着ないけど取っておきたい
思い出服」をここに保管
（OL時代のジャケット
など）
色々なところに
散らばっていた
スポーツ用品
（水着やヨガウェア）は
まとめて一つのバッグにin
ここにハンギング
されているのが
今着る服の全て!!
丈が長い上着や
ワンピースは
揃えて端に
カットソー、デニム、
カーディガンなど
ジャンル分け＆
色分けされている
まっすぐ立たない
くたっとした素材の
バッグは寝かせて
収納
全て立てて
見えるように
収納
100円ショップ
のケース
ケースごと
入れ替えもカンタン！
1段目
ヒートテック
やタイツ
くつ下
くつ下
インナー
2段目
はらまき
ハンカチ
ショーツ
ブラ
3段目
冬服
ストール
奥にオフ
シーズンの
手前に
オンシーズ
ものを
使う頻度で位置を決めているので
毎回全部引き出さなくていい！

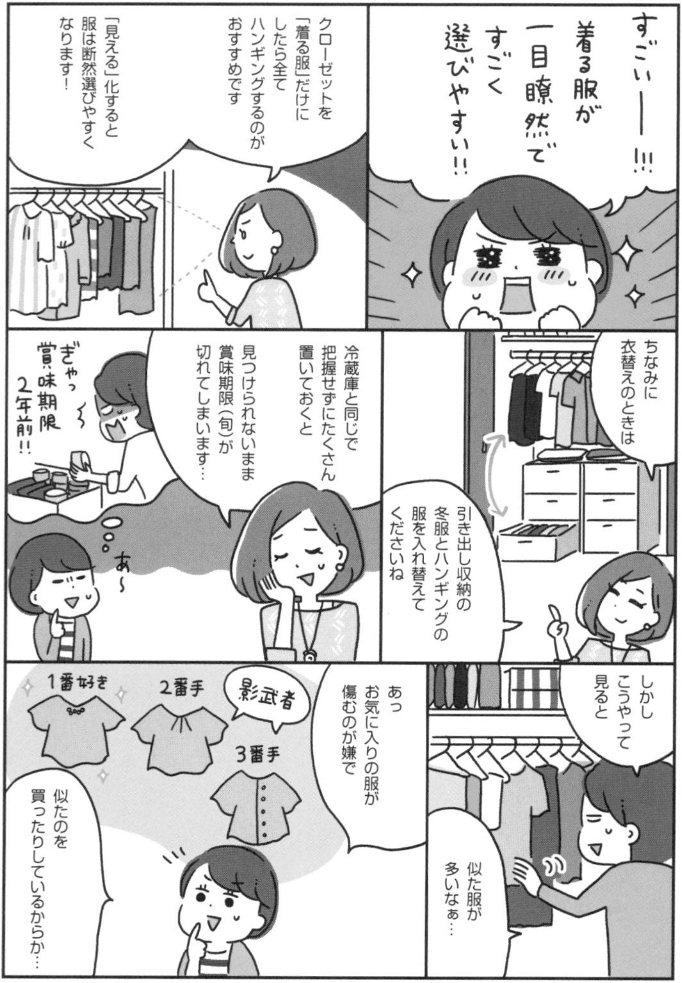

すごいーー!!!
着る服が一目瞭然ですごく選びやすい!!
クローゼットを「着る服」だけにしたら全てハンギングするのがおすすめです
「見える」化すると服は断然選びやすくなります！
ちなみに衣替えのときは
引き出し収納の冬服とハンギングの服を入れ替えてくださいね
冷蔵庫と同じで把握せずにたくさん置いておくと見つけられないまま賞味期限(旬)が切れてしまいます…
ぎゃっ
賞味期限2年前!!
あ〜
しかしこうやって見ると
似た服が多いなぁ…
あっお気に入りの服が傷むのが嫌で
1番好き
2番手
影武者
3番手
似たのを買ったりしているからか…

お気に入りを買ったら たくさんコーデを考えて 1、2年で着たおす つもりで着て
たくさん楽しませてくれて ありがとう!
傷んだら「ありがとう!!」 と思って手放しましょう!!
その方が 気持ち的にも いいですよね
結局 数回しか 着てない服
ズキ
ズキ
うんうん
うしろめたく ない…
無駄に服を増やすと 本当に必要なものが 見つからない
あれ～?
ここでーす
それこそもったいないです!
数年で 自分も流行も ガラッと 変わりますから!!
欲しい服 もね
たしかに…
それに 売る方だって 考えています から…
フフ… ロングスカートの 次はミニね…
そ、そうかー!!
フフ
う～む 1、2年か…
シーズンが あるから ずっと着てる わけじゃないし…
そう考えると 結構たくさん着ても 大丈夫ですね!

あっ
ちなみに「いつか痩せたら着よう」と思っている服って
やっぱり手放した方が
はい!!!
もし痩せたら是非そのときに自分が着たい素敵な服を買ってください!!
ハイ
ドキ
ドキ
良い気味…
今日いちばんの力強い「はい」をいただいたところでクローゼットオーガナイズは終了
詳しい診断結果や
買い足すといいアイテムをまとめた資料もいただきました
分かりやすい!
トータルの作業時間は約6時間半
カウンセリング&パーソナルコーディネート
お昼
服の仕分けとクローゼット整理
でも体感的には半分ぐらいに感じるほど濃密な時間でした
先生が帰った後も興奮冷めやらぬ私は
変な興奮状態
まだいける…
減らせる…
ハァ
ハァ
そのまま押入れの大掃除までしたのでした

服の処分方法も色々あります

リサイクル回収

古着として再利用されたり、選別・保管されてウエスや反毛材などになったりします。詳しくは各自治体 HP などに載っています。

古着屋やフリーマーケットなどで売る

ブランドものなどは高値で売れる可能性も。写真撮影や発送の手間はかかりますが、メルカリなどのネットフリマに出品するという方法もあります。

寄付

「古着 de ワクチン」という、古着を送るとそれが貧しい国でワクチンや、給食や教育などの支援になる企画もあります。

店舗での回収

お店によっては、繊維製品を回収してくれます。また、引き換えに割引券を発行してくれるところもあるので、よく行くお店のサイトを確認してみるのもいいです。

私は一部を友人に譲り
あとは自治体のリサイクルに
持って行きました
ズシリ

海外で買ったワンピースなど
デザイン的に日本ではちょっと…
だけどまた海外に行くときは着たい!
という服がたくさんあるのですが…
じゃあ
旅行用のスーツケースに
保管しちゃいましょう!!
なるほど!
旅行のときも
すぐ探せる!

③ その後 編
先生が来てから一週間後
今日はこれに…
このバッグと…
これも合いそう!
いい感じ!!
今まではワードローブを
頭の中で組み合わせていたから
いつも同じ組み合わせに
なっていたけど…
モヤ
モヤ
思いつく服
今ではすべてを見て選べるから
頭の中がすっきり!!
アレと
アレ!!
いろいろな組み合わせが思いつく!

明日は靴とストールの色を合わせて～♪
はっ
20代前半の私
どーしよ～
服選びにワクワクするこの感覚
久しぶりかも!!
じーん
ちなみに先生の勧めでクローゼットには
自分の好きなコーデの切り抜きを貼っています
服選びの参考になるし好きなコーデばかりなので
テンション上がります
ここをアップデートするのも楽しい!!
ムフー
自分の理想が一目瞭然なので不要なものや、買い足したらよさそうなアイテムも分かりやすい!
理想
所持服
カジュアルシャツがあるといいかも…
ただ家族に見られるとちょっと恥ずかしいです
こういう風になりたいんだね…
え…うん…まぁ…

そしていちばん
感動したのがこれ
スッ
戻しやすい…
ボトムスゾーン
カットソーゾーン
カーディガンゾーン
戻す場所が一目瞭然なので
すぐしまう気になります
私のような「ズボラ人間には
「戻しやすさ」はかなり大切だったんだな…
戻すことがハードルになっていた
ぐちゃっ
めんどくさ…
とりあえずここ
入れとこ
フム
靴下もペアになっていないものを
引き出しに戻すのはやめました
片方がどこかに
行ったものは、
クローゼットに戻さず
一旦保管
はぐれ靴下入れ
相方
探してます!!
「当たり前だ」とか言わないでお願い
そして服が少ないと心地よく
管理できることが分かったので
どのアイテムを
捨てますか?
▶・木のこんぼう
・薬草
・革の服
・皮のブーツ
あっ
鉄の剣!!
このこんぼうは
捨てよう…
新しいものを一つ増やしたら
その分不要なものを一つ
手放そうという気持ちに
というか
そもそも
無駄なものを
買わなくなった!!

その後も少しずつではありますが
苦手だったブラウンに挑戦してみたり
ずっとどう着たらいいか分からなかった服を活用できるようになったり
2年間補欠だったのに急にスタメン入りしたカットソー
えっ
今日からスタメンね
着こなしの幅を広げながらおしゃれを楽しんでいます
あと人に褒められる回数が格段に増えました！
似合うね!!
一日のはじめの「服選び」がストレスなくできると
フン
フン
前向きに「こうなりたい」と思えるから不思議
土地がよくないと美味しい食物が実らないように
キレイなクローゼット
色とりどり種類豊富
ウフフ豊作豊作
オシャレの実
いままで…
ぐちゃぐちゃのクローゼット
何この実!?
新種!?
デローン
ぐちゃぐちゃのクローゼットではおしゃれは育まれない！そんな気付きがありました

あと、服の処分をしてしばらくしてから
何を処分したか思い出そうとしてみましたが
うーん
先生の言うとおりほとんど思い出せませんでした
アレ？
一応写真撮っておいた
何を手放したか思い出せないですよ〜
本当に不要なものだったんだな…
ちなみに今回のようなオーガナイズは数万円で受けることができます
気になる人は131ページを見てね
金額だけ見ると高いと思うかもしれませんが…
買い物数回分の値段で似合う服とメイクが分かって
クローゼットにストレスがなくなって
無駄な服を買わなくなって…
ついでに「似合う服」が人に与える印象などを考えると
全然高くないと思いました
むしろ今までの無駄使いに比べたら全然安い…
カード明細
プロの力は本当にすごいオススメです

まずは自分でどうにかしたい！という方は…
①
雑誌などの好きなコーディネートをスクラップする
自分の「こうなりたい」を視覚化
「どうなりたい」というゴールのない人が結構多い！
②
とりあえず服を全部出して種類別に分けてみる
ボトムス
アウター
ニット
ということから始めてみるといいそうですよ！
山の大きさでアイテムの偏りが分かります
こんもり！
ニット山だけでかっ
ニット
カットソー
デニム
カーディガン
あと、このルポマンガが何かのヒントになれば幸いです！
んっ
ペコリ
ピラ
自分でも忘れていたラッキーもあるかもしれません…（？）
ひ…久々に穿いたズボンから千円札が!!
YATTA—!!
せ…先生ありがとう—!!
えっ

何着 持ってる？
大体下着を除いて100着前後が管理しやすい数です
へ〜
私たぶん100着なかったですよね？
ありましたよ ヨユーで…
みなさんは自分が何枚服を持っているか分かりますか？
えっ

あまり着ていないけど、迷ってどうしても手放せない服があります。どうしたらいいでしょう？
昔のお気に入り服とか…
迷うものボックス
どうしても迷うものは一度着て出掛けてみて！「また着たい」と思わなかったら不要ということです！
着てみた
う〜ん…やっぱり今の自分には似合わないかも
手放しました
ありがとう！

コーデがキマっている日は
無駄に寄り道したくなる
よし
パン屋も
寄ろう

買いすぎた…
どっさり

林 智子先生の所属する「SMART STORAGE!」

http://smartstorage.jp/

オーダーメイドの片付け方法をレクチャーしてくれる
「オーガナイズ（整理収納）サービス」や、
似合う着こなしを教えてくれる「クローゼット1Dayレッスン」
「パーソナルスタイリング」などを請け負う。
片付けと着こなしの、すぐに取り入れられる工夫やコツを教えてくれる。

林先生のブログ ＊ https://ameblo.jp/hayashitomoko/

自分らしく楽しもう

生まれ持った
姿形は選べないけど
ムムッ あの子の方が鼻高い…
自分の力で
「こうなりたい！」に
近づくことはできる
おしゃれは自分を
グレードアップできる
素敵な手段
もちろん
人へ与える
影響が
よくなると
いうこともあるけれど
どちらかというと
今日お気に入りの
ワンピース
着ていこ〜っと
好きな服で自分が
ウキウキしたり
頭の中
テンション
88%
ピピッ
前向きになったりすること
テンション
メーター上昇!!
口角上昇!!
COMMUNI CATION
10%
ピピッ
背筋が
伸びています！
コミュニケーション
能力10%向上!!
ウィーン
それが一番大事かなと
思うのです
ルン
ルン
エンジン
全開ー!!